Die Trennung überwinden

LEONARDO TAVARES

Die Trennung überwinden

DIE TRENNUNG ÜBERWINDEN
© Copyright 2023 – Leonardo Tavares

Alle Rechte vorbehalten. Kein Teil dieses Buches darf reproduziert, in einem Abrufsystem gespeichert oder in irgendeiner Form – elektronisch, mechanisch, durch Fotokopieren, Aufzeichnen, Scannen oder auf andere Weise – übertragen werden, außer durch kurze Zitate in kritischen Rezensionen oder Artikeln, ohne vorherige schriftliche Genehmigung des Herausgebers.

Unter keinen Umständen kann dem Herausgeber oder Autor eine Schuld oder rechtliche Haftung für Schäden, Entschädigungen oder finanzielle Verluste zugeschrieben werden, die sich aus den in diesem Buch enthaltenen Informationen ergeben, sei es direkt oder indirekt.

Impressum:

Dieses Buch ist urheberrechtlich geschützt. Es ist nur für den persönlichen Gebrauch bestimmt. Ohne die Zustimmung des Autors oder Herausgebers ist es Ihnen nicht gestattet, Teile oder Inhalte dieses Buchs zu verändern, zu verbreiten, zu verkaufen, zu verwenden, zu zitieren oder zu paraphrasieren.

Haftungsausschluss:

Bitte beachten Sie, dass die hierin enthaltenen Informationen ausschließlich Bildungs- und Unterhaltungszwecken dienen. Es wurden alle Anstrengungen unternommen, genaue, aktuelle und zuverlässige Informationen bereitzustellen. Es wird keine Gewährleistung irgendeiner Art angegeben oder impliziert. Die Leser erkennen an, dass der Autor keine rechtliche, finanzielle, medizinische oder andere professionelle Beratung anbietet. Der Inhalt dieses Buches wurde aus verschiedenen Quellen abgeleitet. Konsultieren Sie einen lizenzierten Fachmann, bevor Sie die in diesem Buch beschriebenen Techniken ausprobieren.

Durch die Lektüre dieses Dokuments erklärt sich der Leser damit einverstanden, dass der Autor unter keinen Umständen für direkte oder indirekte Verluste verantwortlich ist, die durch die Verwendung der in diesem Dokument enthaltenen Informationen entstehen, einschließlich, aber nicht beschränkt auf Fehler und Auslassungen oder Ungenauigkeiten.

Alle unsere Bücher durchlaufen umfangreiche Qualitätsprüfungen. Sollten Sie in diesem Buch dennoch Tipp- oder Satzfehler finden, freuen wir uns über einen entsprechenden Hinweis an realleotavares@gmail.com

Dieser Titel kann in großen Mengen für kommerzielle oder pädagogische Zwecke erworben werden. Für weitere Informationen senden Sie bitte eine E-Mail an realleotavares@gmail.com.

Erster Eindruck 2023.

Möge dieses Buch eine Umarmung sein,
Ein Trost für dein gebrochenes Herz,
Möge es Gewissheit bringen,
Dass das Ende einer Beziehung
Mit Liebe überwunden werden kann.

Es gibt keinen endgültigen Abschied,
Denn die Verbindung, die wir mit denen hatten, die wir lieben,
Geht über das Ende hinaus, überwindet die Umstände
Und wird zu einer ewigen Quelle des Lernens und Wachsens.

Möge deine Traurigkeit in Hoffnung verwandelt werden,
Und mögen die Erinnerungen ein Schatz sein,
Mögen deine Tränen getrocknet werden
Durch Selbstmitgefühl, und möge das Licht leuchten
Den Weg derer, die leiden.

Dieses Buch ist eine Hommage
An alle, die bereits ein Beziehungsende erlebt haben,
Und an alle, die den Schmerz des Abschieds erleben,
Möge es ein Zufluchtsort des Trostes und der Inspiration sein.

Und dass, selbst in den schwierigsten Momenten,
Wir die Kraft und Entschlossenheit finden können
Weiterzumachen, um die Vergangenheit zu ehren,
Die gelehrten Lektionen und um unser Leben zu leben
Mit Selbstliebe, Dankbarkeit und Widerstandsfähigkeit.

INHALT

Vorwort 9
1. Der Realität ins Gesicht sehen 11
2. Umgang mit dem Schmerz 17
3. Neubewertung und Lernen 25
4. Loszulassen der Vergangenheit 35
5. Wiederentdeckung Ihrer Identität 43
6. Stärkung sozialer Beziehungen 53
7. Fürsorge für das Wohlbefinden 61
8. Umarmung neuer Möglichkeiten 71
9. Die Schaffung einer strahlenden Zuhunft 81
10. Die eigene Geschichte teilen 89
Fazit 97
Über den Autor 99

VORWORT

Unsere Reise durch das Leben führt uns oft auf unvorhersehbare und herausfordernde Wege. Einer der komplexesten und transformative Momente, denen wir begegnen können, ist das Ende einer bedeutsamen Beziehung. Die Trennung von jemandem, mit dem wir unsere Gefühle, Träume und besonderen Momente geteilt haben, kann eine zutiefst schmerzhafte und herausfordernde Erfahrung sein. Dennoch ist es in dieser Zeit des Unbehagens, dass wir die unglaubliche Fähigkeit zur Überwindung und Erneuerung entdecken, die wir alle besitzen.

"Die Trennung überwinden" ist ein mitfühlender und umfassender Leitfaden für diejenigen, die sich mit dem Ende einer Liebesbeziehung auseinandersetzen und Heilung und Erneuerung in ihrem Leben suchen. Dieses Werk wurde geschaffen, um Unterstützung, Anleitung und Inspiration für all diejenigen zu bieten, deren Herzen danach streben, voranzukommen und eine strahlende Zukunft nach dem Ende aufzubauen.

Im Laufe dieses Buches werden wir verschiedene Strategien und Ansätze erkunden, die Ihnen helfen werden, durch die verschiedenen Phasen der Genesung und persönlichen Entwicklung zu navigieren. Sie werden lernen, wie Sie Ihre Emotionen ehren, sich Mitgefühl schenken und den Prozess der emotionalen Heilung annehmen können. Möge dieses Buch ein treuer Begleiter auf Ihrem Weg sein. Während Sie diese Seiten durchblättern, wissen Sie, dass Sie nicht allein sind.

Möge der Heilungs- und Erneuerungsprozess, den Sie bald beginnen werden, mit Selbstentdeckung, persönlichem Wachstum und Freude gefüllt sein. Und möge am Ende dieser Reise, wenn Sie auf Ihren Fortschritt zurückblicken, mit Dankbarkeit für Ihre Entwicklung und mit Vorfreude auf den neuen Anfang, den Sie gestalten, in die Zukunft blicken können.

KAPITEL 1

DER REALITÄT INS GESICHT SEHEN

**Eigentlich finden wir die Freiheit,
die Gegenwart zu umarmen.**

Auf der weitläufigen Bühne des Daseins spielen Beziehungen eine absolut entscheidende Rolle. Sie sind die Fäden, die den Stoff unseres Lebens weben und uns miteinander verbinden, in einem Geflecht aus Emotionen, Herausforderungen, Lektionen und zuweilen unausweichlichen Wendepunkten. In diesem Raum des Abschieds und des Neubeginns erkennen wir die dringende Notwendigkeit, der Realität mutig und offen ins Auge zu sehen. Zu verstehen, dass wir nur durch das Annehmen des Endes einer Beziehung wahrhaft den Weg der Heilung und persönlichen Transformation einschlagen können.

DAS AKZEPTIEREN DES ENDES
Die Navigation durch anfängliche Emotionen

Das Ende einer Liebesbeziehung gleicht dem Aufprall einer monumentalen Welle, die uns erfasst, wenn wir es am wenigsten erwarten. Der anfängliche Schock hallt in unserem Innersten wider und löst eine Explosion von Gefühlen und Empfindungen aus. Es ist äußerst wichtig anzuerkennen, dass jede dieser Emotionen ihre eigene Gültigkeit und Authentizität besitzt. Trauer, Wut, Ratlosigkeit, Verleugnung – sie alle spielen eine wesentliche Rolle auf dem Weg zur Akzeptanz.

In den Anfangsphasen befinden wir uns oft in einem Zustand der Verleugnung. Es scheint unglaublich, dass etwas, das so real und fest schien, jetzt vor unseren Augen zerfällt. Unsere Köpfe weigern sich, zu akzeptieren, dass die Beziehung zu ihrem Abschluss gekommen ist. Wir fühlen uns verwirrt und ungläubig, als ob wir in einem Albtraum schweben, aus dem wir aufwachen wollen.

Wenn die Realität tiefer eindringt, etabliert sich Trauer als ständige Begleitung. Es ist ein intensiver und anhaltender Schmerz, der sich in jede Faser unseres Wesens einnistet. Sie erinnert uns an all die geteilten Momente, an die Träume, die nie wahr werden, und an die enttäuschten Erwartungen. Die Trauer ist ein deutliches Zeichen dafür, dass etwas von tiefgreifender Bedeutung verloren gegangen ist, und es ist entscheidend, dieser Emotion Raum zu geben, sie authentisch zu fühlen und auszudrücken.

Wut hingegen kann aus Gefühlen der Ungerechtigkeit oder aus über die Zeit angestauten emotionalen Verletzungen entstehen. Diese Wut kann gegen den früheren Partner, gegen uns selbst oder sogar gegen das Schicksal gerichtet sein, das uns diese Erfahrung zugeteilt zu haben scheint. Es ist wichtig zu bedenken, dass Wut eine normale Reaktion auf einen bedeutenden Verlust ist und gesunde Wege finden, sie freizusetzen, ein wesentlicher Teil des Heilungsprozesses ist.

Auch die Verwirrung spielt in diesem Gefühlsstrudel eine wesentliche Rolle. Unbeantwortete Fragen quälen uns: "Warum ist das passiert?", "Was habe ich falsch gemacht?", "Wie kann ich weitermachen?". Unser Geist klammert sich an diese Fragen, als ob die Antwort das Geschehene reparieren könnte. Doch oft bleiben die

Antworten unklar, und die Verwirrung kann eine Weile wie ein Nebel bestehen bleiben.

DIE BEDEUTUNG DES HEILUNGSPROZESSES ANERKENNEN
Die Reise beginnt mit der Akzeptanz

Während wir diese emotionale Achterbahn durchlaufen, ist es von entscheidender Bedeutung anzuerkennen, dass die Akzeptanz der erste Schritt zur Heilung ist. Diese Akzeptanz geht über die bloße Anerkennung hinaus, dass die Beziehung zu Ende ist; sie beinhaltet auch die Fähigkeit, unsere Emotionen und Gefühle angesichts dieses Verlustes anzuerkennen. Indem wir uns erlauben, alles zu fühlen, was auftaucht, schaffen wir Raum für echte Heilung.

Akzeptanz ist kein einzelner Meilenstein, sondern ein kontinuierlicher Weg. Es ist die Erlaubnis, dass Emotionen frei fließen, ohne Urteile oder Widerstände. Die Analogie besteht darin, den Regen fallen zu lassen und die durstige Erde zu sättigen. Indem wir unsere Emotionen umarmen, beginnen wir zu verstehen, dass sie uns nicht definieren, sondern Teil des komplexen Mosaiks des menschlichen Lebens sind.

Der Heilungsweg nach dem Ende ist holprig und voller unerwarteter Kurven. Es gibt keine universelle Uhr, die uns sagt, wann wir uns "besser" fühlen werden. Es ist eine persönliche Erfahrung, die Geduld und

Selbstmitgefühl erfordert. Wenn wir die Notwendigkeit der Akzeptanz annehmen, umarmen wir gleichzeitig uns selbst - unsere Stärken, Schwächen und Verletzlichkeiten.

Es ist wichtig zu betonen, dass Akzeptanz nicht bedeutet, die Erinnerung an die Beziehung zu vergessen oder auszulöschen. Im Gegenteil, es geht darum, diese Erfahrung in unsere persönliche Geschichte zu integrieren und daraus zu lernen. Indem wir die Lektionen annehmen, die die Beziehung uns gegeben hat, auch wenn sie zu Ende gegangen ist, legen wir ein solides Fundament für unsere zukünftige Entwicklung.

Die Akzeptanz erlaubt es uns, in die Vergangenheit zu schauen, ohne darin gefangen zu bleiben. Sie gibt uns die Kraft, dem Unbekannten mit einem erfrischten Gefühl von Tapferkeit zu begegnen. Der Heilungsprozess gewinnt an Fahrt im Moment der Akzeptanz, und während wir diese Wahrheit annehmen, beginnen wir, unsere Reise zu einer erneuerten Version unserer selbst zu formen.

Mit dem Abschluss dieses Kapitels kehren wir zur Vorstellung zurück, dass die Akzeptanz des Endes eine Handlung der Selbstliebe ist. Sie repräsentiert einen mutigen Schritt hin zur Transformation und Erneuerung. Auf unserer Reise tragen wir das Bewusstsein, dass Akzeptanz der Schlüssel ist, der die Tür zu einer tiefen Heilung und zur Wiederentdeckung der inneren Stärke, die wir in uns tragen, aufschließt.

KAPITEL 2

UMGANG MIT DEM SCHMERZ

Aus Tränen entstehen Perlen der Widerstandsfähigkeit und Transformation.

Mitten im emotionalen Sturm, der das Ende einer Beziehung begleitet, ist der Schmerz eine unübersehbare Präsenz. Er manifestiert sich auf vielfältige und durchdringende Weisen und berührt die tiefsten Ecken unserer Seele. Den Schmerz auf gesunde und konstruktive Weise zu bewältigen, ist entscheidend für unsere Heilungs- und Wachstumsreise. In diesem Kapitel werden wir zwei wichtige Ansätze erkunden: sich erlauben zu fühlen und gesunde Möglichkeiten finden, um Luft abzulassen.

SICH ERLAUBEN ZU FÜHLEN
Alle Emotionen ehren

Der Schmerz, der das Ende einer Liebesbeziehung begleitet, ist ein komplexes Geflecht von Gefühlen. Es gibt Momente, in denen dieser Schmerz so intensiv ist, dass er unüberwindbar erscheint. Es ist jedoch entscheidend zu verstehen, dass Schmerz kein Zeichen von Schwäche ist, sondern vielmehr eine genuine Manifestation unserer Menschlichkeit. Sich zu erlauben zu fühlen, ist der erste Schritt zur Heilung.

Oft neigen wir dazu, vor schmerzhaften Emotionen zu fliehen und nach Ablenkungen zu suchen, um der Konfrontation mit unserer eigenen Trauer, Wut oder Angst auszuweichen. Diese Flucht verlängert jedoch nur den Heilungsprozess. Stattdessen ist es entscheidend, Platz für alle Emotionen zu schaffen, sowohl die schmerzhaften als auch die positiven. Sich zu erlauben zu fühlen, ist ein Akt der Authentizität und des Mutes.

Die Trauer zum Beispiel verdient es, erkannt und gefühlt zu werden. Weinen ist kein Zeichen von Schwäche, sondern eine Möglichkeit, den angesammelten Schmerz loszulassen. Wenn wir die Trauer annehmen, erlauben wir ihr, durch uns hindurchzufließen, anstatt sich anzusammeln und zu einem schwereren Ballast zu werden. Diese Trauer zu ehren, ist ein Schritt in Richtung Heilung.

Ebenso ist es wichtig, die aufkommende Wut anzuerkennen. Wut ist eine natürliche Reaktion auf einen bedeutsamen Verlust. Anstatt sie zu unterdrücken, können wir sie auf konstruktive Weise erkunden. Gesunde Möglichkeiten zu finden, um die Wut auszudrücken, wie das Schreiben in ein Tagebuch oder körperliche Aktivitäten, erlauben es uns, diese Energie auf nicht schädliche Weise freizusetzen.

Es ist auch unerlässlich zu bedenken, dass Emotionen nicht binär sind. Wir sind nicht auf Traurigkeit oder Wut beschränkt. Wenn wir uns erlauben, alle Nuancen von Emotionen zu spüren, entdecken wir, dass wir auch Momente der Dankbarkeit, Freude und Hoffnung erleben können. Diese positiven Emotionen machen den Schmerz, den wir empfinden, nicht ungültig, sondern zeigen uns, dass wir in der Lage sind, eine breite Palette von Gefühlen zu erleben.

GESUNDE AUSDRUCKSMÖGLICHKEITEN FINDEN
Den Schmerz in Ausdruck verwandeln

Während wir diese Reise des Schmerzes und der Heilung durchlaufen, ist es entscheidend, gesunde Wege zu finden, um Luft abzulassen. Die Gefühle für sich zu behalten, kann schädlich sein, da nicht ausgedrückter Schmerz sich auf unerwünschte Weise in unserem Leben manifestieren kann. Hier sind einige konstruktive Möglichkeiten, um mit dem Schmerz umzugehen und ihn auszudrücken:

Mit vertrauten Freunden sprechen

Das Teilen Ihrer Gefühle mit vertrauten Freunden kann unglaublich therapeutisch sein. Jemanden zu haben, der ohne Urteil zuhört, kann einen sicheren Raum für das Ablassen bieten, Unterstützung und externe Perspektiven ermöglichen. Wahre Freunde können ermutigende Ratschläge geben, empathisch zuhören und sogar ihre eigenen Überwindungsgeschichten teilen.

Ein Tagebuch schreiben

Das Schreiben ist eine kraftvolle Möglichkeit, Emotionen freizusetzen. Das Führen eines Tagebuchs, in dem Sie Ihre Gefühle, Gedanken und Reflexionen ausdrücken können, kann helfen, Ihre Emotionen zu klären und die Selbstreflexion zu fördern. Regelmäßiges Schreiben über Ihre Erfahrungen kann eine effektive

Möglichkeit sein, Ihren Fortschritt zu verfolgen und Denk- oder Verhaltensmuster zu identifizieren.

In Erwägung ziehen, Therapie zu machen

Therapie ist ein wertvolles Werkzeug, um den Schmerz auf konstruktive Weise zu bewältigen. Ein qualifizierter Therapeut kann Anleitung, Bewältigungstechniken und einen sicheren Raum bieten, um Ihre tiefsten Gefühle zu erkunden. Die Therapie ermöglicht es Ihnen, tiefer in Ihre Emotionen einzutauchen, Ihre Reaktionen zu verstehen und Strategien zu entwickeln, um den Schmerz gesund zu bewältigen.

Sich in kreative Aktivitäten engagieren

Kreative Aktivitäten wie Malen, Schreiben, Musik und andere Formen künstlerischen Ausdrucks können äußerst therapeutisch sein. Sie bieten eine Möglichkeit, komplexe Emotionen auf konstruktive Weise zu kanalisieren. Künstlerisches Schaffen hilft nicht nur dabei, den Schmerz auszudrücken, sondern kann auch eine Möglichkeit sein, negative Gefühle in etwas Positives und Inspirierendes zu verwandeln.

Körperliche Übungen praktizieren

Körperliche Aktivität fördert nicht nur die Gesundheit des Körpers, sondern kann auch Endorphine freisetzen, die die Stimmung verbessern und bei der Linderung emotionalen Schmerzes helfen. Regelmäßige körperliche Betätigung bietet nicht nur einen Ausweg für aufgestaute

Energie, sondern trägt auch zu Ihrem allgemeinen Wohlbefinden bei.

Meditieren und Achtsamkeit praktizieren

Praktiken wie Meditation und Achtsamkeit können helfen, den Geist zu beruhigen und bewusster mit Ihren Emotionen in Kontakt zu treten. Meditation ermöglicht es Ihnen, sich von externen Ablenkungen zurückzuziehen und sich auf Ihre innere Erfahrung zu konzentrieren, um Ihre Emotionen ohne Urteil zu beobachten. Achtsamkeit fördert die Aufmerksamkeit auf den gegenwärtigen Moment, was hilft, das Grübeln und die Angst zu reduzieren.

Der Schmerz, der das Ende einer Beziehung begleitet, ist ein unvermeidlicher Teil des menschlichen Lebens. Dennoch, indem wir uns erlauben, alle Emotionen zu manifestieren und gesunde Möglichkeiten finden, um Luft abzulassen, ebnen wir den Weg zur Heilung.

Der Schmerz muss nicht vermieden oder gefürchtet werden; stattdessen kann er als Chance zum Wachstum und zur Transformation begriffen werden. Indem wir bewusst und mitfühlend mit dem Schmerz umgehen, ermächtigen wir uns für einen tiefen Heilungsprozess und Selbsterkenntnis.

KAPITEL 3

NEUBEWERTUNG UND LERNEN

In jedem Neuanfang blüht die Möglichkeit zu wachsen.

Nach dem Ende einer Beziehung ergibt sich die Möglichkeit für eine tiefgehende Neubewertung. Dieser Prozess ermöglicht es uns nicht nur, über das Erlebte nachzudenken, sondern bietet auch wertvolle Lektionen für unser persönliches Wachstum. In diesem Kapitel werden wir die Bedeutung der konstruktiven Reflexion und der Vermeidung von Schuld und übermäßiger Selbstkritik untersuchen.

KONSTRUKTIVE REFLEXION

Extrahieren von Lektionen und persönlichem Wachstum

Jede Beziehung, die wir erleben, birgt eine Vielzahl von Lektionen und Wachstumschancen in sich. Durch die Reflexion über die Geschichte, die wir mit einer anderen Person geteilt haben, können wir wertvolle Erkenntnisse über uns selbst und unsere Interaktionsmuster gewinnen.

Konstruktive Reflexion beinhaltet die ehrliche Analyse unserer Erfahrungen, indem wir die Momente der Freude, Herausforderung und des Wachstums identifizieren. Beginnen Sie damit, die folgenden Fragen zu erkunden:

Was habe ich über mich selbst gelernt?

Bewerten Sie, wie die Beziehung Ihre Selbstkenntnis beeinflusst hat. Identifizieren Sie, welche Ihrer Eigenschaften während dieser Zeit betont wurden und welche Aspekte Sie weiterentwickeln möchten. Zum Beispiel könnten Sie festgestellt haben, dass Sie widerstandsfähiger sind, als Sie dachten, wenn es um emotionale Herausforderungen geht, oder dass Sie eine besondere Fähigkeit haben, andere in schwiergen Zeiten zu unterstützen.

Kommunikationsmuster

Denken Sie darüber nach, wie die Kommunikation zwischen Ihnen funktioniert hat. Identifizieren Sie Bereiche, in denen die Kommunikation effektiv war, und solche, in denen es Verbesserungsmöglichkeiten gibt. Fragen Sie sich, ob es Ihnen gelungen ist, Ihre Gedanken und Gefühle klar auszudrücken und ob es Raum gab, die Perspektiven des anderen zuzuhören. Die Analyse der Kommunikationsmuster kann dazu beitragen, Ihre Fähigkeiten zur emotionalen Ausdrucksfähigkeit und Empathie zu verbessern.

Grenzen und Bedürfnisse

Überlegen Sie, ob Sie Ihre Grenzen und Bedürfnisse während der Beziehung klar ausdrücken konnten. Reflektieren Sie darüber, wie diese Elemente respektiert wurden und wie Sie möglicherweise auf eine assertivere Weise kommunizieren könnten. Das Identifizieren von Momenten, in denen Ihre Grenzen überschritten oder vernachlässigt wurden, kann als Leitfaden für zukünftige gesunde Beziehungen dienen.

Persönliches Wachstum

Denken Sie darüber nach, wie die Beziehung Sie ermutigt hat, Ihre Komfortzone zu verlassen und als Individuum zu wachsen. Vielleicht haben Sie während dieser Reise neue Fähigkeiten entwickelt, Ängste überwunden oder neue Interessen entdeckt. Erkennen Sie an, wie die Beziehung Sie herausgefordert hat, zu einer stärkeren und authentischeren Version Ihrer selbst zu werden.

Empathie-Lektionen

Anerkennen Sie die Momente, in denen Sie Empathie praktiziert haben und wie dies das Verhältnis positiv beeinflusst hat. Empathie ist die Fähigkeit, sich in die Lage des anderen zu versetzen und seine Emotionen zu verstehen. Indem Sie die Momente identifizieren, in denen Sie Empathie gezeigt haben, erkennen Sie Ihre Fähigkeit an, auf emotionale Weise mit anderen in Verbindung zu treten.

Die Reflexion sollte sich nicht nur auf die Herausforderungen beschränken, sondern auch die glücklichen Momente und positiven Aspekte der Beziehung feiern. Durch einen objektiven Rückblick können Sie wertvolle Lektionen extrahieren, die zu Ihrer persönlichen Weiterentwicklung beitragen werden. Die Neubewertung der Beziehung hilft nicht nur dabei, die zwischenmenschliche Dynamik besser zu verstehen, sondern verbessert auch Ihre Fähigkeit, zukünftige Beziehungen gesund und bereichernd zu gestalten.

VERMEIDEN VON ÜBERMÄSSIGER SCHULD UND SELBSTKRITIK

Anerkennen des Tanzes der Beziehungen

Nach einer Trennung ist es natürlich, sich über begangene Fehler und übernommene Verantwortlichkeiten Gedanken zu machen. Es ist jedoch wesentlich, in die Falle der übermäßigen Schuld und Selbstkritik zu vermeiden. Beziehungen sind ein komplexer Tanz zwischen zwei Personen, bei dem die Handlungen und Reaktionen beider eine Rolle spielen.

Erkennen Sie an, dass keine Beziehung ausschließlich von einer einzelnen Person aufgebaut wird. Fehler und Herausforderungen sind ein wesentlicher Bestandteil dieser Dynamik. Sich selbst übermäßig zu beschuldigen, kann Ihr Selbstwertgefühl untergraben und Ihre Fähigkeit, aus der Erfahrung zu lernen und zu wachsen, beeinträchtigen.

Anstatt sich an die Schuld zu klammern, betrachten Sie die Beziehung als Ganzes. Erkennen Sie an, dass beide zu den Höhen und Tiefen der Beziehung beigetragen haben. Auch wenn Sie Fehler gemacht haben, erinnern Sie sich daran, dass wir alle menschlich sind und anfällig für Unvollkommenheiten.

Um übermäßige Selbstkritik zu vermeiden:

Akzeptiere die Menschlichkeit

Erkennen Sie an, dass wir alle Fehler in unseren Beziehungen machen, und dass dies Ihren Wert als Person nicht definiert. Übermäßige Selbstkritik kann zu Gefühlen der Unzulänglichkeit führen, was weder fair noch genau ist. Anstatt sich durch begangene Fehler zu definieren, erkennen Sie an, dass die Fehlbarkeit eine Eigenschaft ist, die alle Menschen teilen.

Lerne aus den Fehlern

Statt sich selbst zu beschuldigen, konzentrieren Sie sich darauf, wie Sie aus den begangenen Fehlern lernen können, um sich zukünftig zu verbessern. Jeder Fehler ist eine wertvolle Gelegenheit für persönliches Wachstum und zur Verbesserung Ihrer Beziehungsfähigkeiten. Indem Sie die Situationen analysieren, in denen die Dinge nicht wie erwartet liefen, können Sie Muster und Verhaltensweisen identifizieren, die angepasst werden müssen.

Fördern Sie Selbstmitgefühl

Behandeln Sie sich selbst mit derselben Freundlichkeit, die Sie einem Freund entgegenbringen würden. Übermäßige Selbstkritik ist nicht produktiv und kann Ihr Selbstwertgefühl negativ beeinflussen. Denken Sie daran, dass es menschlich ist, Fehler zu machen, und dass Sie Mitgefühl und Verständnis verdienen. Selbstmitgefühl zu praktizieren, bedeutet, sich selbst mit

Freundlichkeit zu behandeln, insbesondere wenn Sie emotionale Herausforderungen meistern. Akzeptieren Sie, dass Fehler ein Teil des Wachstumsprozesses sind, und dass Sie Unterstützung und Fürsorge verdienen, auch von sich selbst.

Identifizieren von Verhaltensmustern

Wenn Sie über Ihre vergangenen Handlungen nachdenken, achten Sie auf wiederkehrende Verhaltensmuster. Identifizieren Sie Trends, die Sie ändern möchten, und nutzen Sie sie als Wachstumschancen. Indem Sie Verhaltensweisen erkennen, die zum Ende der Beziehung beigetragen haben könnten, sind Sie besser gerüstet, um diese Themen in zukünftigen Beziehungen anzugehen und eine gesündere und positivere Umgebung zu fördern.

Vergeben Sie sich selbst

Vergebung ist entscheidend, um nach einer Trennung weiterzukommen. Denken Sie daran, dass wir alle verdienen, die Möglichkeit zu haben, zu lernen, zu wachsen und uns zu verbessern. Sich selbst zu vergeben, lindert nicht nur die emotionale Belastung, sondern schafft auch Raum für neue Erfahrungen und positive Beziehungen. Akzeptieren Sie, dass Fehler ein Teil des menschlichen Lebens sind, und dass Selbstvergebung ein Akt der Selbstliebe und Selbstmitgefühl ist.

Die Neubewertung einer vergangenen Beziehung ist eine wertvolle Lerngelegenheit. Indem Sie konstruktive Reflexion praktizieren und übermäßige Schuld vermeiden, können Sie diese Erfahrung als Hebel für persönliches Wachstum nutzen.

Denken Sie daran, dass Beziehungen ein Tanz zwischen zwei Personen sind, und jede trägt zu dieser Reise bei. Indem Sie die gelernten Lektionen annehmen und schädliche Selbstkritik vermeiden, bauen Sie einen Weg der Selbstentdeckung und kontinuierlichen Weiterentwicklung.

KAPITEL 4

LOSZULASSEN DER VERGANGENHEIT

Lass den Wind die Vergangenheit tragen,
während du die Zukunft umarmst.

Der Heilungsprozess nach einer Trennung beschränkt sich nicht nur darauf, mit den gegenwärtigen Emotionen umzugehen; er erfordert auch, dass wir uns von der Vergangenheit lösen. In diesem Kapitel werden wir zwei entscheidende Aspekte dieser Ablösung behandeln: emotionale Reinigung und die Bedeutung der Vergebung.

EMOTIONALE RINIGUNG

Erinnerungen und Gegenstände freisetzen, die dich an die Vergangenheit binden

Nach dem Ende einer Beziehung ist es üblich, uns mit Erinnerungen und Gegenständen zu umgeben, die die Vergangenheit lebendig halten. Obwohl diese Erinnerungen anfänglich einen gewissen Trost bieten können, können sie uns auch in einen Zyklus von Nostalgie und Leidenschaft ziehen. Die emotionale Reinigung beinhaltet das bewusste Freisetzen dieser Elemente, um Platz für Neues zu schaffen.

Erinnerungen

Nehmen Sie sich Zeit, um die Erinnerungen zu überdenken, wie Fotos, Briefe und Erinnerungsstücke, die mit dem Ex-Partner zu tun haben. Tun Sie dies jedoch mit dem Ziel, bewusste Entscheidungen darüber zu treffen, was Sie behalten und was Sie loslassen möchten. Bewerten Sie jedes Element danach, wie es Ihre Emotionen beeinflusst. Behalten Sie nur das, was keine

Gefühle intensiver Traurigkeit oder Sehnsucht hervorruft, die es Ihnen erschweren, voranzukommen.

Geteilte Gegenstände

Gegenstände wie Geschenke, gemeinsame Besitztümer und gemeinsame Erinnerungen können nach einer Trennung kompliziert sein. Überlegen Sie, ob es gesund ist, diese Gegenstände zu behalten, oder ob sie Sie an schmerzhafte Erinnerungen binden. Manchmal ist es notwendig, diesen Gegenständen einen neuen Zweck zu geben. Sie dem Ex-Partner zurückzugeben oder in Erwägung zu ziehen, sie an eine Wohltätigkeitsorganisation zu spenden, kann helfen, die emotionale Bindung an sie loszulassen.

Soziale Netzwerke

Soziale Netzwerke können eine ständige Erinnerung an die vergangene Beziehung sein. Eine effektive Möglichkeit, eine emotionale Reinigung durchzuführen, besteht darin, sich von den sozialen Netzwerken des Ex-Partners zu lösen. Dies hilft nicht nur, ständige Erinnerungen zu vermeiden, sondern schafft auch Raum, um sich auf Ihre eigene Heilung und Selbstentdeckung zu konzentrieren. Die Trennung von sozialen Netzwerken bedeutet nicht, alle Bindungen zu trennen, sondern schafft einen gesunden Raum für Ihr eigenes Wachstum.

Physischer Raum

Erwägen Sie Veränderungen in Ihrer physischen Umgebung, um die Transformationsphase widerzuspiegeln, die Sie durchleben. Dies kann die Umgestaltung von Möbeln, die Integration neuer dekorativer Elemente oder sogar das Neuanstreichen von Wänden umfassen. Die Schaffung eines Raums, der dieses neue Kapitel in Ihrem Leben repräsentiert, kann therapeutisch und energiegeladen sein. Während Sie diese Veränderungen vornehmen, visualisieren Sie den Raum als Spiegelbild Ihres Wachstums- und Selbsterkennungspfads.

Abschiedszeremonie

Manchmal kann es eine kraftvolle Möglichkeit sein, bewusst die Vergangenheit loszulassen und sich für die Gegenwart zu öffnen, eine symbolische Abschiedszeremonie zu schaffen. Diese Zeremonie kann je nach dem, was für Sie stimmig ist, angepasst werden. Sie kann die Schaffung eines einfachen Rituals beinhalten, wie das Anzünden einer Kerze, während Sie über die Erinnerungen und Emotionen im Zusammenhang mit der vergangenen Beziehung nachdenken. Sie können auch einen symbolischen Abschiedsbrief schreiben, in dem Sie sich für die erlebten Erfahrungen bedanken und sich gleichzeitig erlauben, das zu lassen, was nicht mehr notwendig ist.

Die Abschiedszeremonie ist ein Akt der Absicht und Selbstfürsorge. Sie markiert einen Übergangsmoment und repräsentiert Ihre Entschlossenheit, auf eine positivere und vielversprechende Zukunft zuzugehen. Indem Sie diesen Raum für den Abschied schaffen, ehren Sie den Weg, den Sie gegangen sind, und öffnen sich für die Möglichkeiten, die vor Ihnen liegen.

Obwohl die emotionale Reinigung herausfordernd sein kann, ist sie unerlässlich, um neuen Energien in Ihr Leben zu lassen. Indem Sie die Vergangenheit loslassen, öffnen Sie Raum für eine Zukunft voller Potenzial und Möglichkeiten.

DIE BEDEUTUNG DER VERGEBUNG
Sowohl für sich selbst als auch für den Ex-Partner

Vergebung ist ein mächtiges Werkzeug, wenn es um Loslassen geht. Sie befreit nicht nur von emotionalen Fesseln, sondern fördert auch inneren Frieden und die Fähigkeit, voranzukommen. Es ist jedoch wichtig zu verstehen, dass Vergebung nicht bedeutet, die Vergangenheit zu löschen, sondern vielmehr die Kontrolle freizusetzen, die die Vergangenheit über einen ausübt.

Sich selbst vergeben

Wenn Sie über die Beziehung nachdenken, ist es natürlich, Fehler und Entscheidungen zu erkennen, die Sie als falsch betrachten. Sich jedoch übermäßig zu beschuldigen, ist nicht produktiv. Üben Sie stattdessen Selbstmitgefühl aus. Erkennen Sie an, dass wir alle unvollkommene Menschen sind, die zu Fehlern neigen. Vergeben Sie sich für vergangene Entscheidungen und nutzen Sie diese Erfahrungen als Lern- und Wachstumschancen.

Den Ex-Partner vergeben

Den Ex-Partner zu vergeben, bedeutet nicht, jedes schädliche Verhalten zu entschuldigen, sondern sich von der durch die Beziehung entstandenen Groll zu befreien. Erkennen Sie an, dass jeder seine eigene Reise hat, und dass vergangene Taten nicht Ihre Zukunft definieren müssen. Vergebung ist ein Akt persönlicher Befreiung, der es Ihnen ermöglicht, leicht und ohne emotionale Belastung voranzukommen.

Der Prozess des Loslassens der Vergangenheit ist ein entscheidender Schritt auf dem Heilungsweg nach dem Ende einer Beziehung. Die emotionale Reinigung durch das Loslassen von Erinnerungen und Gegenständen, die Sie festhalten, schafft Raum für Neues. Die Vergebung, sowohl für sich selbst als auch für den Ex-Partner, ist der Schlüssel, um die emotionale Last der Vergangenheit abzulegen.

Realisieren Sie, dass Loslassen nicht bedeutet, die Vergangenheit zu vergessen, sondern ihr nicht zu erlauben, Ihre Gegenwart und Zukunft zu bestimmen. Indem Sie das loslassen, was Ihnen nicht mehr dient, öffnen Sie Raum für persönliches Wachstum, inneren Frieden und die Möglichkeit, neue bedeutungsvolle Verbindungen zu schaffen. Loslassen ist ein Akt der Selbstliebe, eine Erklärung, dass Sie ein Leben und eine Zukunft verdienen, die frei von den Ankerpunkten der Vergangenheit sind.

KAPITEL 5

WIEDERENTDECKUNG IHRER IDENTITÄT

Unter den Schichten finden Sie die Authentizität, die schon immer da war.

Nach einer Trennung bietet sich die Gelegenheit, zu sich selbst zurückzufinden und Ihre unabhängige Identität neu zu entdecken. In diesem Kapitel erkunden wir die Bedeutung der Wiederherstellung der Verbindung zu sich selbst und der Festlegung persönlicher Ziele, die Ihre Interessen, Leidenschaften und individuellen Werte widerspiegeln.

WIEDERHERSTELLUNG DER VERBINDUNG MIT SICH SELBST

Erkundung von Interessen und Leidenschaften

Die Beendigung einer Beziehung führt uns oft dazu, zu hinterfragen, wer wir sind und was uns Freude bereitet. Die Wiederentdeckung Ihrer Identität ist ein wesentlicher Schritt im Heilungs- und Wachstumsprozess. Indem Sie wieder eine Verbindung zu sich selbst herstellen, geben Sie sich die Erlaubnis, die Aspekte zu erkunden und zu pflegen, die Ihre Essenz ausmachen.

Erkundung von Hobbys und Interessen

Eines der aufregenden Aspekte der Wiederentdeckung Ihrer Identität nach einer Trennung ist die Möglichkeit, sich wieder mit Ihren Hobbys und Interessen zu verbinden. Die Aktivitäten, die Ihnen in der Vergangenheit Freude bereitet haben, können ein Leitfaden sein, um wieder in Kontakt mit sich selbst zu treten. Ob es darum geht, ein Musikinstrument zu spielen, zu malen, zu kochen, Sport zu treiben oder sich in Outdoor-Aktivitäten zu engagieren, diese Erlebnisse haben die Kraft, Ihre Leidenschaft für das Leben wiederzubeleben. Abgesehen davon, dass sie den Geist erfrischen, kann die Zeit, die Sie Ihren inspirierenden Aktivitäten widmen, Ihr Selbstwertgefühl stärken und Ihnen helfen, ein solides Fundament für emotionales Wohlbefinden aufzubauen.

Zeit für die Selbsterforschung

Die Selbsterforschung ist eine aufregende und tiefgehende Erfahrung, um herauszufinden, wer Sie sind, was Sie schätzen und welche Ziele Sie haben. Momente für Reflexion und Selbstexploration zu reservieren, ist entscheidend für diesen Prozess. Stellen Sie sich tiefgehende Fragen zu Ihren Leidenschaften, Ihren Wünschen und den Werten, die Ihre Entscheidungen lenken. Diese innere Reise kann Aspekte von Ihnen offenbaren, die im Laufe der Beziehung möglicherweise vergessen oder unterschätzt wurden. Darüber hinaus bietet die Selbsterforschung die Möglichkeit, Ziele und Pläne festzulegen, die einzigartig Ihre eigenen sind und Ihnen ermöglichen, eine Zukunft aufzubauen, die Ihre wahre Essenz widerspiegelt.

Wiederherstellung der Verbindung zu Freunden und Familie

Während Sie Ihre Identität wiederentdecken, ist es wichtig, die liebevollen Beziehungen zu schätzen, die Ihr Leben unterstützen. Qualitätszeit mit Freunden und Familie zu verbringen, kann eine lebenswichtige Quelle für Unterstützung und Freude sein. Diese bedeutungsvollen Verbindungen sind ständige Erinnerungen an den Wert, den Sie im Leben der Menschen um Sie herum haben. Geschichten zu teilen, Gespräche zu führen und mit Ihren Lieben zu lachen, kann ein Gefühl der Zugehörigkeit und unbezahlbare Liebe vermitteln. Darüber hinaus können diese Beziehungen Ihnen helfen, die Herausforderungen des Lebens widerstandsfähiger anzugehen, in dem Wissen, dass Sie in Ihrem Weg nicht alleine sind.

Sorge für dich selbst

Selbstfürsorge ist eine wesentliche Praxis während des Heilungs- und Wiederentdeckungsprozesses nach einer Trennung. Es geht darum, sich bewusst und liebevoll Zeit und Aufmerksamkeit zu schenken. Selbstfürsorge kann viele Formen annehmen und variiert von Person zu Person. Meditation, körperliche Aktivität, Lesen, Yoga, entspannende Bäder oder sogar ruhige Momente der Introspektion sind alles gültige Möglichkeiten, Selbstfürsorge zu praktizieren. Indem du regelmäßig Zeit reservierst, um dich selbst zu pflegen, investierst du in deine körperliche und emotionale

Gesundheit, stärkst deine Widerstandsfähigkeit und trägst zu deinem allgemeinen Wohlbefinden bei.

Abenteuer und Erkundung

Eine aufregende Möglichkeit, dein Wohlbefinden zu pflegen, ist es, dir Abenteuer und Erkundungen zu erlauben. Diese Erfahrungen bieten nicht nur aufregende Momente, sondern können auch deine Perspektive erweitern und deine Reise der Selbsterkenntnis beleben. Wenn du neue Orte erkundest, mit verschiedenen Kulturen interagierst und einzigartige Aktivitäten ausprobierst, schaffst du bedeutsame Erinnerungen, die den Reichtum deines Lebens bereichern. Die Erkundung kann eine Gelegenheit sein, persönliche Grenzen zu überwinden, Herausforderungen anzunehmen und ein tiefes Gefühl der Erfüllung zu entwickeln. Denke daran, dass jede neue Abenteuer eine Gelegenheit zum Wachsen und zur Weiterentwicklung ist.

FESTLEGEN PERSÖNLICHER ZIELE
Erschaffung einer Zukunft, die ausschließlich Ihre eigene ist

Wenn Sie wieder mit sich selbst in Kontakt kommen, ergibt sich die Möglichkeit, persönliche Ziele zu setzen, die mit Ihren Werten, Wünschen und individuellen Träumen in Einklang stehen. Diese Ziele ermöglichen es Ihnen nicht nur, eine bedeutungsvolle Zukunft aufzubauen, sondern bestätigen auch Ihre einzigartige Identität.

Festlegung von Prioritäten

In dieser Phase der Wiederentdeckung ist es entscheidend, Ihre Prioritäten festzulegen. Überlegen Sie, was Ihnen in diesem Moment Ihres Lebens am wichtigsten ist. Berücksichtigen Sie Aspekte wie Ihre Karriere, persönliches Wachstum, Beziehungen und Gesundheit. Klare Prioritäten zu setzen, ermöglicht es Ihnen, Ihre Energie und Aufmerksamkeit auf Bereiche zu lenken, die einen signifikanten Einfluss auf Ihre Erfahrung der Selbstentdeckung und Erneuerung haben.

Berufs- und akademische Ziele

Wenn Sie neue Möglichkeiten ergreifen, berücksichtigen Sie Ihre beruflichen und akademischen Ambitionen. Die Festlegung von Zielen in diesen Bereichen kann eine kraftvolle Möglichkeit sein, Ihr Wachstum zu lenken. Fragen Sie sich, wo Sie in Ihrer Karriere in einem Jahr, fünf Jahren oder mehr sein möchten. Überlegen Sie auch, welche Fähigkeiten und Kenntnisse Sie erwerben möchten, um diese Ziele zu erreichen. Indem Sie klare Ziele setzen, schaffen Sie einen greifbaren Weg für beruflichen und akademischen Fortschritt.

Persönliche Herausforderungen

Ein Teil des Prozesses, neue Möglichkeiten zu ergreifen, besteht darin, persönliche Herausforderungen anzugehen. Identifizieren Sie Bereiche in Ihrem Leben, die Sie verbessern möchten, sei es emotional, körperlich oder spirituell. Diese Herausforderungen können von einer gesteigerten Selbstbewusstsein bis hin zur Verbesserung Ihrer körperlichen Gesundheit oder der Entwicklung eines größeren spirituellen Bewusstseins reichen. Indem Sie realistische Ziele setzen, um an diesen Aspekten zu arbeiten, schaffen Sie Möglichkeiten für bedeutendes persönliches Wachstum. Denken Sie daran, dass jede überwundene Herausforderung zu Ihrer Weiterentwicklung und Stärkung beiträgt.

Reisen und Abenteuer

Wenn Sie neue Möglichkeiten ergreifen, erwägen Sie die Einbeziehung von Reisen und Abenteuern in Ihre Reise der Selbstentdeckung. Wenn das Reisen etwas ist, das Ihnen Freude und Inspiration bringt, setzen Sie Ziele im Zusammenhang mit der Erkundung neuer Destinationen und Kulturen. Dies kann das Erstellen einer Liste von Orten umfassen, die Sie besuchen möchten, das Festlegen eines Reisebudgets oder sogar die Teilnahme an Aktivitäten, die Ihre Komfortzone herausfordern. Reisen bieten nicht nur die Möglichkeit, dauerhafte Erinnerungen zu schaffen, sondern können auch Ihre Perspektive erweitern und Ihr Leben auf unerwartete Weisen bereichern.

Soziale Verbindungen

Die Erweiterung Ihrer sozialen Verbindungen ist eine weitere wertvolle Dimension beim Ergreifen neuer

Möglichkeiten. Setzen Sie sich Ziele, um Ihr soziales Netzwerk zu erweitern, sei es durch Interessensgruppen, berufliche Netzwerke oder gesellschaftliche Treffen. Die Teilnahme an Veranstaltungen oder Aktivitäten, die Ihren Interessen entsprechen, kann Ihnen helfen, neue und potenziell bedeutsame Menschen in Ihrem Leben kennenzulernen. Konzentrieren Sie sich darauf, echte und bereichernde Beziehungen aufzubauen, die Unterstützung und Gesellschaft bieten, während Sie Ihre Reise der Selbstentdeckung fortsetzen.

Wohlbefinden

Die Priorisierung Ihres Wohlbefindens ist entscheidend, wenn Sie neue Möglichkeiten ergreifen. Setzen Sie Ziele, die das Gleichgewicht zwischen Ihrer geistigen und körperlichen Gesundheit fördern. Dies kann regelmäßige körperliche Aktivität, eine ausgewogene Ernährung und die Integration von Entspannungstechniken wie Meditation und Achtsamkeit in Ihre Routine umfassen. Verstehen Sie, dass sich um sich selbst zu kümmern, ein Akt der Selbstliebe ist und zu Ihrem kontinuierlichen persönlichen Wachstum beiträgt. Indem Sie sich bemühen, Ihre Ziele für das Wohlbefinden zu erreichen, bauen Sie eine solide Grundlage für ein gesundes und erfülltes Leben auf.

Sich selbst neu zu entdecken nach einer Trennung ist ein Prozess der Selbstentdeckung und Erneuerung. Wenn Sie wieder mit sich selbst in Kontakt treten und persönliche Ziele setzen, erschaffen Sie einen Weg, der ausschließlich Ihrer ist. Der Heilungsprozess beinhaltet nicht nur das Loslassen der Vergangenheit, sondern auch den Aufbau einer bedeutsamen und mit Ihrer Essenz in Einklang stehenden Zukunft.

Verstehen Sie, dass Ihre Identität fließend und ständig im Wandel ist. Wenn Sie sich darauf konzentrieren, Ihre Interessen, Leidenschaften und persönlichen Ziele zu erkunden, ermöglichen Sie sich ein Leben voller Zweck, Wachstum und Authentizität. Die Reise der Wiederentdeckung ist eine Gelegenheit, sich erneut in die Person zu verlieben, die Sie sind, und in das grenzenlose Potenzial, das die Zukunft bietet.

KAPITEL 6
STÄRKUNG SOZIALER BEZIEHUNGEN

Echte Bindungen sind Balsam für das Herz im Wiederaufbau.

Mitten in den Veränderungen, die eine Beziehungspause mit sich bringt, können soziale Beziehungen eine entscheidende Rolle auf dem Weg der Heilung und Erneuerung spielen. In diesem Kapitel wird die Bedeutung betont, echte Freundschaften zu pflegen und Isolation zu vermeiden, und wie diese Handlungen Ihr Leben nach einer Trennung bereichern können.

PFLEGE VON FREUNDSCHAFTEN

Investition in bedeutende Unterstützung und Gesellschaft

Wahre Freundschaften bieten unschätzbare Unterstützung in Übergangszeiten. Indem Sie in solide soziale Beziehungen investieren, bauen Sie ein Unterstützungssystem auf, das für Ihr emotionales und mentales Wohlbefinden von entscheidender Bedeutung ist.

Wertschätzung bestehender Beziehungen

Beim Stärken Ihrer sozialen Beziehungen ist es entscheidend, die Bindungen zu vertrauenswürdigen Freunden zu schätzen. Das Teilen Ihrer Emotionen und Erfahrungen mit engen Freunden kann eine unschätzbare Quelle emotionaler Unterstützung sein. Langjährige Freundschaften sind wahre Schätze und können während dieser Transformationszeit als emotionaler Rückzugsort dienen. Indem Sie sich Ihren Freunden öffnen und ihnen ermöglichen, an Ihrem Weg teilzuhaben, bauen Sie ein Unterstützungsnetzwerk auf, das Ihnen hilft, Herausforderungen mit mehr Zuversicht anzugehen.

Suche nach neuen Verbindungen

Dies ist eine günstige Zeit, um neue Kontakte zu knüpfen und Ihren sozialen Kreis zu erweitern. Nehmen Sie an Interessengruppen, sozialen Veranstaltungen oder Aktivitäten teil, die Ihr Interesse wecken. Auf diese Weise haben Sie die Möglichkeit, Menschen mit ähnlichen Interessen kennenzulernen, was zu neuen bedeutungsvollen Freundschaften führen kann. Seien Sie offen für Gespräche und Interaktionen, denn jede neue Verbindung kann Ihr Leben auf einzigartige Weise bereichern.

Authentische Gespräche

Das Pflegen von Freundschaften, die auf Ehrlichkeit und Authentizität beruhen, ist entscheidend. Während Sie Ihre sozialen Beziehungen stärken, streben Sie danach, eine Umgebung zu schaffen, in der Gespräche echt und bedeutsam sind. Teilen Sie Ihre eigenen Erfahrungen und hören Sie die Geschichten anderer mit Empathie an. Durch die Schaffung dieses Raums des gegenseitigen Verständnisses bauen Sie tiefere und bereichernde Beziehungen auf.

Emotionale Unterstützung

Wahre Freundschaften sind wie eine emotionale Umarmung. Sie bieten einen sicheren Raum, um Ihre

Gefühle auszudrücken und bedingungslose Unterstützung zu erhalten. Es ist entscheidend, Isolation in Ihrem Heilungsprozess zu vermeiden, und Freunde, denen Sie vertrauen können, können helfen, diese Leere zu füllen. Zögern Sie nicht, Ihre Erfolge und Herausforderungen mit Ihren vertrauenswürdigen Freunden zu teilen, denn sie werden an Ihrer Seite sein, um Unterstützung, Ratschläge und eine freundliche Schulter zu bieten, wenn Sie sie brauchen.

Austausch von Erfahrungen

Durch den Austausch Ihrer Erfahrungen und Erkenntnisse mit anderen öffnen Sie Raum für verschiedene Perspektiven, was Ihren Heilungsprozess erheblich bereichern kann. Der Austausch von Erlebnissen mit Freunden, Familienmitgliedern oder Unterstützungsgruppen kann neue Wege aufzeigen, mit Herausforderungen umzugehen, und auch wertvolle Einblicke darüber liefern, wie schwierige Zeiten überwunden werden können.

ISOLATION VERMEIDEN

Eine der Herausforderungen nach einer Trennung ist die Tendenz zur Isolation. Es ist jedoch wichtig zu erkennen, dass die Teilnahme an sozialen Aktivitäten und die Erweiterung Ihrer sozialen Kreise äußerst vorteilhaft für Ihre Genesung sein kann.

Soziale Aktivitäten

Auch wenn die anfängliche Motivation gering ist, bemühen Sie sich, an sozialen Aktivitäten teilzunehmen, die Ihnen normalerweise Freude bereiten. Treffen Sie sich mit Freunden, besuchen Sie kulturelle Veranstaltungen oder beteiligen Sie sich an Gemeinschaftsaktivitäten, um Ihre Zeit zu füllen und Ihren Geist von den negativen Gedanken im Zusammenhang mit der Trennung abzulenken. Außerdem kann es Ihnen ein Gefühl von Zugehörigkeit und emotionale Unterstützung geben, von Menschen umgeben zu sein, die sich um Sie kümmern.

Erkundung neuer Umgebungen

Die Erkundung neuer Orte und Umgebungen kann Ihrem Leben ein Gefühl von Erneuerung und Neuheit bringen. Indem Sie sich in unbekannte Räume wagen, geben Sie sich die Möglichkeit, neue Erinnerungen und Erfahrungen zu schaffen. Dies bietet nicht nur eine gesunde Ablenkung, sondern kann auch Ihre Perspektive auf das Leben erweitern. Die Erkundung neuer Umgebungen kann auch eine effektive Möglichkeit sein, sich selbst und Ihre Vorlieben neu zu entdecken.

Unterstützungsgruppen

Erwägen Sie die Teilnahme an Unterstützungsgruppen, in denen Menschen zusammenkommen, die ähnliche Situationen durchmachen. Diese Gruppen bieten einen sicheren und unterstützenden Raum, um Erfahrungen, Herausforderungen und Erfolge zu teilen. Durch die

Verbindung mit Personen, die verstehen, was Sie durchmachen, können Sie ein Gefühl der Zugehörigkeit und Validierung finden. Darüber hinaus können das Zuhören der Geschichten anderer wertvolle Einblicke darüber bieten, wie man mit der Trennung umgehen und vorankommen kann.

Freiwilligenarbeit

Engagieren Sie sich in Freiwilligenaktivitäten, die mit Ihren Werten und Interessen im Einklang stehen. Die Teilnahme an Freiwilligenaktivitäten gibt Ihnen nicht nur ein Gefühl von Zweck und Erfüllung, sondern ist auch eine ausgezeichnete Möglichkeit, Menschen zu treffen, die ähnliche Anliegen haben. Die Freiwilligenarbeit bietet die Möglichkeit, mit einer vielfältigen Gemeinschaft in Kontakt zu treten und bedeutungsvolle Verbindungen auf der Grundlage gemeinsamer Interessen zu schaffen.

Online- und Offline-Verbindungen

Während soziale Netzwerke und Online-Plattformen eine bequeme Möglichkeit sein können, sich mit anderen zu verbinden, ist es ebenso wichtig, persönliche Verbindungen in der Offline-Welt herzustellen. Obwohl virtuelle Interaktionen hilfreich sein können, um in Kontakt zu bleiben und Ihr soziales Netzwerk zu erweitern, ersetzen sie nicht die Tiefe der persönlichen Beziehungen. Daher bemühen Sie sich bewusst, die virtuelle Umgebung zu verlassen und an sozialen Veranstaltungen, Treffen oder Aktivitäten teilzunehmen, bei denen Sie persönlich mit anderen interagieren können.

Nach einer Trennung haben soziale Beziehungen die Kraft, Unterstützung, Freude und ein Gefühl der Zugehörigkeit zu bieten. Die Pflege echter Freundschaften ist entscheidend, um ein zuverlässiges Unterstützungssystem aufzubauen. Darüber hinaus kann die Vermeidung von Isolation durch die Teilnahme an sozialen Aktivitäten und die Erweiterung Ihrer sozialen Kreise Ihr Leben auf bedeutsame Weise bereichern.

Verstehen Sie, dass Genesung nicht bedeutet, die Schwierigkeiten allein zu bewältigen. Indem Sie Ihre sozialen Beziehungen stärken, bauen Sie ein Unterstützungsnetzwerk auf, das Sie auf Ihrem Heilungs- und Wachstumsprozess begleiten wird. Durch die Verbindung mit anderen können Sie Trost, Verständnis und sogar neue Möglichkeiten finden, die zu Ihrem allgemeinen Wohlbefinden beitragen.

KAPITEL 7
FÜRSORGE FÜR DAS WOHLBEFINDEN

In der Selbstfürsorge blüht die Ruhe, die du verdienst.

Die Fürsorge für das Wohlbefinden ist in jeder Lebensphase entscheidend, aber nach einer Beziehungstrennung wird sie noch wichtiger. In diesem Kapitel geht es darum, die Bedeutung der Priorisierung Ihrer körperlichen und geistigen Gesundheit zu erkunden, während Sie gleichzeitig Ihr Selbstwertgefühl und Ihr Vertrauen stärken, um Ihre Heilungs- und Selbstentdeckungsreise anzutreten.

PERSÖNLICHE PFLEGE

Körperliche und geistige Gesundheit im Einklang

Ganzheitliches Wohlbefinden umfasst sowohl die körperliche als auch die geistige Gesundheit. Indem Sie sich um beide Bereiche kümmern, legen Sie ein solides Fundament, um den Herausforderungen zu begegnen und die Möglichkeiten zu ergreifen, die das Leben bietet.

Regelmäßige körperliche Aktivität

Regelmäßige körperliche Aktivität wirkt sich nicht nur positiv auf Ihre körperliche Gesundheit aus, sondern hat auch einen tiefgreifenden Einfluss auf Ihr geistiges Wohlbefinden. Wählen Sie eine Aktivität, die Ihnen Freude und Motivation bringt, sei es Spazierengehen im Freien, Schwimmen, Yoga oder Training im Fitnessstudio. Bewegung setzt Endorphine frei, Neurotransmitter, die Gefühle von Freude und Wohlbefinden fördern. Darüber hinaus hilft körperliche Aktivität, Stress abzubauen, die

Stimmung zu verbessern und das Selbstwertgefühl zu steigern.

Ausgewogene Ernährung

Eine gesunde Ernährung ist entscheidend, um Ihren Körper und Geist zu nähren. Entscheiden Sie sich für eine ausgewogene Ernährung, die eine Vielzahl von nährstoffreichen Lebensmitteln enthält. Priorisieren Sie Obst, Gemüse, mageres Protein und Vollkornprodukte. Diese Lebensmittel liefern die notwendigen Nährstoffe für Energie, Konzentration und ordnungsgemäße Gehirnfunktion. Vermeiden Sie übermäßig verarbeitete Lebensmittel und wählen Sie Optionen, die Ihre Vitalität und Ihr Wohlbefinden fördern.

Schlafqualität

Die Qualität des Schlafes spielt eine entscheidende Rolle für Ihre geistige und emotionale Gesundheit. Legen Sie eine regelmäßige Schlafroutine fest, indem Sie jeden Tag ungefähr zur gleichen Zeit ins Bett gehen und aufstehen. Schaffen Sie eine förderliche Umgebung für die Ruhe, indem Sie das Schlafzimmer dunkel, ruhig und komfortabel halten. Vermeiden Sie elektronische Geräte vor dem Schlafengehen, da das blaue Licht die Produktion von Melatonin, dem Schlafhormon, stören kann. Die Priorisierung der Schlafhygiene trägt zum emotionalen Gleichgewicht, zur geistigen Klarheit und zur Tagesenergie bei.

Entspannungstechniken

Die Erkundung von Entspannungstechniken ist entscheidend, um Ihr emotionales und geistiges Wohlbefinden aufrechtzuerhalten. Verschiedene Praktiken können dazu beitragen, Stress zu reduzieren, die geistige Klarheit zu verbessern und emotionales Gleichgewicht zu fördern.

Einschränkung des Substanzkonsums

Es ist wichtig, sich der Auswirkungen von Substanzen auf Ihr emotionales und geistiges Wohlbefinden bewusst zu sein. Übermäßiger Gebrauch von Alkohol, Koffein und anderen Substanzen kann negative Auswirkungen auf Ihre geistige Gesundheit haben. Obwohl es verlockend ist, auf diese Substanzen zurückzugreifen, um mit schwierigen Emotionen umzugehen, ist es entscheidend, gesunde Bewältigungsstrategien zu finden.

Sich um Ihre geistige Gesundheit zu kümmern, ist genauso wichtig wie die Fürsorge für Ihre körperliche Gesundheit, und diese Praktiken können wertvolle Werkzeuge in Ihrem Erholungs- und Transformationsprozess nach einer Trennung sein.

SELBSTACHTUNG UND SELBSTVERTRAUEN
Den Aufbau eines positiven Selbstbilds fördern

Nach einer Trennung ist es üblich, dass das Selbstwertgefühl und das Selbstvertrauen erschüttert sind. Es ist jedoch entscheidend, daran zu arbeiten, ein positives Selbstbild aufzubauen, um den Heilungsprozess voranzutreiben.

Übe Selbstmitgefühl

Gehe mit dir selbst liebevoll und mitfühlend um, genauso wie du es mit einem lieben Freund tun würdest. Erkenne an, dass wir alle schwierige Zeiten durchmachen und es nach einer Trennung ganz natürlich ist, sich verletzlich zu fühlen. Indem du mit Selbstmitgefühl handelst, schaffst du einen emotional sicheren Raum für dich selbst.

Selbsterkenntnis

Nimm dir Zeit, um zu erforschen, wer du jenseits einer Beziehung bist. Reflektiere über deine Qualitäten, Interessen und individuellen Leidenschaften. Indem du dich mit deinen einzigartigen Eigenschaften verbindest, stärkst du deine Identität und dein Selbstbild.

Feiere deine Erfolge

Anerkenne und feiere deine Erfolge, egal wie klein sie sein mögen. Dies hilft beim Aufbau eines festen Fundaments für dein Selbstwertgefühl. Notiere deine

Errungenschaften, von persönlichen Erfolgen bis hin zu Meilensteinen, die du auf deiner Heilungsreise erreicht hast. Jeder Schritt ist ein Grund zum Feiern.

Akzeptiere Herausforderungen als Chancen

Betrachte die Herausforderungen, denen du nach der Trennung gegenüberstehst, als Wachstumschancen. Sich den Widrigkeiten zu stellen und sie zu überwinden, trägt dazu bei, dein Vertrauen und dein Selbstwertgefühl zu stärken. Erinnere dich daran, dass jeder überwundene Hindernis ein Schritt in Richtung einer widerstandsfähigeren Version von dir selbst ist.

Akzeptiere deinen Körper

Eine gesunde Beziehung zu deinem Körper zu pflegen, ist entscheidend für den Aufbau eines positiven Selbstwertgefühls. Wertschätze die Gesundheit und das Wohlergehen deines Körpers anstatt dich auf unrealistische Schönheitsideale zu konzentrieren. Bedenke, dass das äußere Erscheinungsbild nicht deinen Wert als Person definiert. Übe Dankbarkeit für das, wozu dein Körper fähig ist, und kümmere dich liebevoll um ihn, indem du ihn nährst und einen aktiven Lebensstil pflegst.

Entwicklung von Fähigkeiten

Das Erlernen neuer Fähigkeiten oder die Verbesserung bereits vorhandener Fähigkeiten ist eine großartige Möglichkeit, dein Selbstvertrauen zu stärken. Indem du Ziele erreichst und neues Wissen erwirbst, zeigst du dir selbst, dass du in der Lage bist, Herausforderungen zu meistern. Dies steigert nicht nur dein Selbstvertrauen, sondern vermittelt auch ein Gefühl persönlicher Erfüllung. Egal, ob es das Erlernen einer neuen Sprache, das Spielen eines Musikinstruments oder das Ausüben einer Sportart ist, jede Errungenschaft trägt zum Aufbau eines positiven Selbstbilds bei.

Gesunde Grenzen setzen

Das Erlernen des Setzens von gesunden Grenzen ist ein wesentlicher Teil der Selbstfürsorge und der gesunden Entwicklung von Beziehungen. Wissen Sie, wann es notwendig ist, Nein zu sagen, und respektieren Sie Ihre eigenen physischen, emotionalen und mentalen Grenzen. Setzen Sie Grenzen, die Ihr Wohlbefinden schützen und Überlastung vermeiden. Indem Sie gesunde Grenzen setzen, zeigen Sie Respekt vor sich selbst und Ihrer eigenen Zeit und Energie. Dies trägt auch dazu bei, ausgewogenere und erfüllendere Beziehungen zu anderen aufzubauen.

Die Pflege Ihres Wohlbefindens ist ein Akt der Selbstliebe, der alle Bereiche Ihres Lebens durchdringt. Indem Sie Ihre körperliche und geistige Gesundheit priorisieren, bauen Sie ein solides Fundament auf, um Herausforderungen mit Widerstandsfähigkeit zu meistern und die Freuden in vollen Zügen zu genießen. Die Stärkung Ihres Selbstwertgefühls und Selbstvertrauens ist ein kontinuierlicher Prozess, der es Ihnen ermöglicht, Ihre wahre Essenz zu umarmen und Ihren Platz in der Welt zu finden.

Wissen Sie, dass die Pflege Ihres Wohlbefindens keine egoistische Handlung ist, sondern eine Notwendigkeit. Indem Sie zur Priorität in Ihrem eigenen Leben werden, schaffen Sie eine innere Umgebung von Selbstgenügsamkeit und Authentizität. Die Heilungsreise nach einer Trennung ist auch eine Erfahrung der Selbsterkenntnis, und indem Sie Ihr Wohlbefinden pflegen, legen Sie den Grundstein für eine strahlende Zukunft voller Möglichkeiten.

KAPITEL 8
UMARMUNG NEUER MÖGLICHKEITEN

Im Leeren des Endes öffnen sich neue Türen, um den Anfang zu begrüßen.

Nach dem Durchlaufen eines Heilungs- und Wachstumswegs nach dem Ende einer Liebesbeziehung ist es natürlich, neue Möglichkeiten für die Zukunft zu erahnen. Dieses Kapitel behandelt die Bedeutung der Erkundung neuer Beziehungen, wenn man sich bereit fühlt, und des Lernens, allein zu sein, um ein gesundes Gleichgewicht zwischen Verbindungen zu anderen und zu sich selbst herzustellen.

ERKUNDEN NEUER BEZIEHUNGEN
Offen sein für neue Bekanntschaften

Der Heilungsprozess kann Sie schließlich an einen Punkt bringen, an dem Sie bereit sind, sich für neue Erfahrungen und Beziehungen zu öffnen. Es ist jedoch entscheidend, diese Phase mit Vorsicht anzugehen, indem Sie Ihr eigenes Tempo respektieren und Vergleiche mit der Vergangenheit vermeiden.

Selbsterkenntnis vor allem

Bevor Sie in eine neue Liebesbeziehung eintreten, nehmen Sie sich Zeit, um sich gründlich kennenzulernen. Erkunden Sie Ihre Werte, Ziele und wonach Sie in einem Partner suchen. Die Selbsterkenntnis ist die solide Grundlage, auf der Sie eine gesunde und bedeutungsvolle Beziehung aufbauen können. Verstehen Sie die Lehren, die Sie aus der Vergangenheit gezogen haben, und bringen Sie dieses Wissen in Ihre zukünftigen Beziehungen ein.

Keine Eile

Es gibt keinen festgelegten Zeitplan, wann Sie beginnen sollten, neue Beziehungen zu erkunden. Vermeiden Sie es, sich selbst zu drängen oder sich verpflichtet zu fühlen, schnell in eine neue Beziehung einzutreten. Die emotionale Heilung ist ein individueller und einzigartiger Prozess für jede Person. Warten Sie, bis Sie das Gefühl haben, dass Sie emotional bereit sind und wirklich daran interessiert sind, jemanden kennenzulernen. Achten Sie auf Ihre Gefühle und Intuitionen und machen Sie weiter, wenn Sie sich wohl fühlen.

Freiheit von Vergleichen

Beim Erkunden neuer Liebesbeziehungen ist es wichtig, direkte Vergleiche zwischen den neuen Menschen und Ihrem Ex-Partner zu vermeiden. Jeder Mensch ist einzigartig, mit seinen eigenen Qualitäten, Werten und Persönlichkeiten. Jemanden mit Ihrer Vergangenheit zu vergleichen, kann verhindern, dass Sie die Person wirklich kennenlernen. Halten Sie Ihren Geist offen und geben Sie jeder neuen Beziehung die Chance zu wachsen, basierend auf ihren eigenen einzigartigen Merkmalen und Dynamiken.

Offene Kommunikation

Wenn Sie sich entscheiden, voranzukommen und eine neue Beziehung zu erkunden, ist offene Kommunikation entscheidend. Teilen Sie Ihre Heilungsreise und erklären Sie, wo Sie emotional stehen. Die Kommunikation Ihrer Erwartungen, Wünsche und Grenzen hilft beim Aufbau einer soliden Grundlage für die Beziehung. Eine ehrliche und transparente Kommunikation legt die Grundlage für Vertrauen und gegenseitiges Verständnis von Anfang an.

Gleichgewicht mit Selbstfürsorge

Wenn Sie sich in eine neue Beziehung einlassen, denken Sie daran, ein gesundes Gleichgewicht zwischen dem Investieren in die Beziehung und der Fortführung Ihrer Selbstfürsorge und Ihres Wohlbefindens zu halten. Ihre Selbstfürsorge darf nicht vernachlässigt werden. Fahren Sie fort, Aktivitäten zu praktizieren, die Ihnen Freude bereiten, halten Sie Ihre körperliche und mentale Gesundheit aufrecht und nehmen Sie sich Zeit für Ihr persönliches Wachstum. Das Finden dieses Gleichgewichts ermöglicht es der neuen Verbindung, in einer gesunden und nachhaltigen Umgebung zu gedeihen.

LERNEN, ALLEIN ZU SEIN

Förderung von Selbstreflexion und Selbstfürsorge

Die Einsamkeit kann eine wertvolle Gelegenheit sein, um zu lernen, mit sich selbst zu sein, eine tiefe Verbindung mit dem eigenen Geist zu entwickeln und die Freude der Unabhängigkeit zu entdecken. Wenn sie bewusst angegangen wird, kann Einsamkeit zu einer Zeit des persönlichen Wachstums und der Selbsterkenntnis werden.

Zeit für Selbstreflexion

Es ist entscheidend, während einsamer Phasen Zeit für Selbstreflexion zu widmen. Nutzen Sie diese Zeit, um über Ihre Ziele, Werte, Interessen und Ihre Wünsche für die Zukunft nachzudenken. Dies hilft nicht nur dabei, eine solide Grundlage für zukünftige Entscheidungen zu schaffen, sondern ermöglicht es Ihnen auch, sich auf einer tieferen Ebene kennenzulernen. Indem Sie sich selbst besser verstehen, sind Sie besser gerüstet, um bedeutungsvolle Beziehungen aufzubauen und Entscheidungen im Einklang mit Ihren Zielen zu treffen.

Persönliche Entwicklung

Nutzen Sie die Einsamkeit als Gelegenheit, sich auf Ihre persönliche Entwicklung zu konzentrieren. Lernen Sie neue Fähigkeiten, die Sie immer beherrschen wollten, vertiefen Sie sich in Hobbys, die Ihnen Zufriedenheit bringen, und pflegen Sie Leidenschaften, die Ihr Leben erfüllen. Die persönliche Weiterentwicklung trägt nicht nur zu Ihrem Wachstum bei, sondern stärkt auch Ihr Selbstvertrauen und Ihr Erfolgsgefühl. Einsamkeit kann die perfekte Zeit sein, um die beste Version von sich selbst zu werden, ohne äußere Ablenkungen.

Fokus auf Selbstfürsorge

Widmen Sie sich der Selbstfürsorge während einsamer Phasen mit noch mehr Aufmerksamkeit. Halten Sie an Ihren Routinen für körperliche Aktivitäten, gesunde Ernährung und Entspannungspraktiken fest. Indem Sie die Selbstfürsorge priorisieren, stärken Sie Ihr körperliches und geistiges Wohlbefinden. Regelmäßige körperliche Aktivität hält nicht nur Ihren Körper gesund, sondern setzt auch Endorphine frei, Neurotransmitter, die Ihre Stimmung heben. Darüber hinaus versorgt Sie eine ausgewogene Ernährung mit Energie und Vitalität, um den Herausforderungen des Lebens zu begegnen. Entspannungspraktiken wie Meditation und tiefe Atmung helfen, Stress und Angst abzubauen und tragen zu Ihrer emotionalen Gesundheit bei.

Genießen Sie die Unabhängigkeit

Während einsamer Phasen erlauben Sie sich, die Freude daran zu entdecken, Dinge alleine zu tun. Von Reisen bis zu einfachen Mahlzeiten ist dies eine Gelegenheit, Ihre eigene Gesellschaft zu genießen. Die Unabhängigkeit bringt ein Gefühl von Freiheit und Stärke mit sich. Indem Sie Aktivitäten alleine durchführen, stärken Sie Ihr Vertrauen und Ihr Selbstwertgefühl.

Lernen Sie, die Zeit mit sich selbst zu schätzen, denn dies trägt zur Entwicklung einer gesunden und liebevollen Beziehung zu sich selbst bei.

Schaffung bedeutungsvoller Verbindungen

Während einsamer Phasen konzentrieren Sie sich darauf, bedeutungsvolle Freundschaften und soziale Verbindungen zu pflegen. Schätzen Sie Freundschaften, die Ihre Interessen und Werte teilen. Nehmen Sie an Interessengruppen, sozialen Veranstaltungen und gemeinnützigen Aktivitäten teil, um neue Menschen kennenzulernen und authentische Verbindungen aufzubauen. Freundschaften können emotionale Unterstützung, Geschichten und freudige Momente bieten. Indem Sie soziale Bindungen knüpfen, bauen Sie ein Netzwerk auf, das Ihr Leben bereichert und zu Ihrem emotionalen Wohlbefinden beiträgt.

Der Weg nach dem Ende einer Liebesbeziehung ist ein persönlicher und einzigartiger Prozess. Das Erforschen neuer Möglichkeiten, sei es durch neue Beziehungen oder die Reise der Selbsterkenntnis, ist ein natürlicher Teil dieses Prozesses. Indem Sie neue Verbindungen eingehen und lernen, mit sich selbst zu sein, bereichern Sie Ihr Leben auf vielfältige und bedeutende Weisen.

Denken Sie daran, es besteht kein Druck, einen neuen Partner zu finden. Jeder Schritt, den Sie in Richtung neuer Möglichkeiten unternehmen, sollte von Ihrer eigenen Heilungs- und persönlichen Wachstumsreise geleitet sein. Indem Sie ein Gleichgewicht zwischen sozialen

Verbindungen und Selbstfürsorge finden, bauen Sie eine Zukunft voller Chancen, Entdeckungen und gesunder Beziehungen auf. Seien Sie nachsichtig mit sich selbst und vertrauen Sie darauf, dass die Zukunft aufregende Möglichkeiten bereithält, die sich mit Ihrer einzigartigen Erfahrung verbinden.

KAPITEL 9

DIE SCHAFFUNG EINER STRAHLENDEN ZUKUNFT

**Ihre Träume formen einen Horizont,
auf dem die Hoffnung leuchtet.**

Während Sie den Heilungs- und Wachstumsprozess nach dem Ende einer Beziehung durchlaufen haben, ist es jetzt an der Zeit, Ihren Blick auf die Zukunft zu richten. Dieses Kapitel erkundet die Bedeutung der Festlegung langfristiger Ziele und des Kultivierens von Optimismus, um Ihnen zu ermöglichen, eine Zukunft voller aufregender Möglichkeiten und erfüllender Erfolge zu schaffen.

FESTLEGEN LANGFRISTIGER ZIELE
Vorstellung einer zukünftigen Erfüllung

Die Vorstellung einer Zukunft, in der Ihre Träume wahr werden, ist ein ermächtigender Schritt auf Ihrer Heilungsreise. Indem Sie langfristige Ziele setzen, entwerfen Sie eine Lebenskarte, die Sie nach Ihren Wünschen und Bestrebungen formt.

Identifikation von Träumen und Wünschen

Beginnen Sie damit, Ihre persönlichen Träume zu identifizieren. Fragen Sie sich, was Ihnen wirklich wichtig ist und in welchen Bereichen des Lebens Sie wachsen und sich entwickeln möchten. Diese Träume können Karriere, Beziehungen, Reisen, persönliche Entwicklung oder jeden anderen Bereich umfassen, der für Ihren Lebensweg bedeutsam ist. Listen Sie alles auf, was Sie erreichen möchten, ganz gleich, wie groß oder klein es erscheinen mag.

Realistische und ambitionierte Ziele

Wenn Sie langfristige Ziele setzen, ist es wichtig, ein Gleichgewicht zwischen Herausforderung und Machbarkeit zu finden. Setzen Sie Ziele, die Sie dazu inspirieren, Ihre Komfortzone zu verlassen und Ihr volles Potenzial auszuschöpfen, aber die auch realistisch und im Einklang mit Ihren Fähigkeiten und Ressourcen stehen. Denken Sie daran, dass das Festlegen von Zielen ein fortlaufender Prozess ist. Erlauben Sie sich, Ihre Ziele je nach Bedarf im Laufe der Zeit anzupassen und anzupassen.

Aktionsplan

Nachdem Sie Ihre Träume identifiziert und realistische und ehrgeizige Ziele festgelegt haben, erstellen Sie einen Aktionsplan, um diese zu erreichen. Teilen Sie Ihre Ziele in kleinere, greifbare Schritte auf und setzen Sie Meilensteine entlang des Weges. Dadurch werden Ihre Ziele erreichbarer und Sie können Ihren Fortschritt verfolgen. Denken Sie daran, dass das Erreichen von Zielen ein schrittweiser Prozess ist. Feiern Sie daher jede Errungenschaft auf Ihrem Weg.

Positive Visualisierung

Um Ihre Verbindung zu Ihren langfristigen Zielen zu stärken, praktizieren Sie positive Visualisierung. Schließen Sie die Augen und stellen Sie sich vor, wie Sie in Ihrer zukünftigen Erfüllung leben. Spüren Sie die positiven Emotionen, die mit diesen Erfolgen verbunden sind, und behalten Sie diese Vision im Kopf, während Sie an Ihren Zielen arbeiten. Die Visualisierung kann Ihnen helfen, eine positive Denkweise zu entwickeln, die auf Ihren Bestrebungen ausgerichtet ist.

Die Vergangenheit hinter sich lassen

Während Sie auf die Zukunft hinarbeiten, denken Sie daran, dass die Vergangenheit nicht definieren sollte, wer Sie sind oder was Sie erreichen können. Nutzen Sie Ihre vergangenen Erfahrungen als Lern- und Wachstumschancen, aber lassen Sie nicht zu, dass sie Sie zurückhalten oder daran hindern, Ihre Ziele zu verfolgen. Konzentrieren Sie sich auf Ihre langfristigen Ziele und die Person, zu der Sie werden, und bauen Sie eine Zukunft auf, die auf Ihren Bestrebungen und Ihrem Potenzial basiert.

DEN OPTIMISMUS BEWAHREN
Pflege einer positiven Einstellung

Die Pflege einer positiven Einstellung ist entscheidend, um eine strahlende und erfüllende Zukunft aufzubauen. Optimismus formt nicht nur Ihre Perspektive, sondern beeinflusst auch Ihre Handlungen und Entscheidungen.

Fokus auf Chancen

Jede Herausforderung als eine Gelegenheit zum Lernen und Wachsen zu sehen, ist eine kraftvolle Perspektive, die Ihre Art und Weise, mit Hindernissen umzugehen, transformieren kann. Indem Sie diesen Ansatz annehmen, rusten Sie sich aus, um Situationen mit Widerstandsfähigkeit und Zuversicht zu bewältigen.

Positive Affirmationen

Das tägliche Üben von positiven Affirmationen ist ein machtvolles Werkzeug, um eine optimistische Denkweise zu fördern. Diese Aussagen helfen dabei, Ihr Selbstvertrauen zu stärken, negative Gedanken umzuleiten und Ihren Geist auf Positivität umzuprogrammieren.

Tägliche Dankbarkeit

Sich jeden Tag Zeit zu nehmen, um Dankbarkeit zu üben, ist eine kraftvolle Möglichkeit, Optimismus zu fördern und Wertschätzung für die positiven Dinge in Ihrem Leben zu steigern. Die Praxis der Dankbarkeit lenkt Ihre Aufmerksamkeit auf Segnungen und Chancen, die oft übersehen werden.

Flexibilität und Widerstandsfähigkeit

Widerstandsfähigkeit ist die Fähigkeit, Herausforderungen und Widrigkeiten mit Flexibilität und Entschlossenheit zu meistern. Im Kontext des Optimismus bedeutet dies zu glauben, dass Sie auch vor

Schwierigkeiten die Fähigkeit haben, sich anzupassen, zu lernen und zu wachsen.

Positives Handeln

Optimismus geht nicht nur darum, positiv zu denken, sondern auch positiv zu handeln. Kultivieren Sie daher eine Einstellung des positiven Handelns. Glauben Sie daran, dass Ihre Handlungen positive Veränderungen in Ihrem Leben und im Leben anderer bewirken können.

Die Schaffung einer strahlenden Zukunft ist ein Prozess, der Absicht, Entschlossenheit und eine positive Denkweise erfordert. Indem Sie langfristige Ziele setzen, legen Sie den Kurs Ihres Lebens gemäß Ihren Träumen und Bestrebungen fest.

Die Heilungsreise nach dem Ende einer Beziehung ist auch ein Prozess der Erneuerung und Neuerfindung. Indem Sie jeden neuen Tag mit Optimismus begrüßen, schaffen Sie eine Zukunft voller aufregender Möglichkeiten und dauerhafter Erfolge.

KAPITEL 10

DIE EIGENE GESCHICHTE TEILEN

**Mit jedem Wort säen wir
Heilungssamen für andere Herzen.**

Nun ist es an der Zeit, zurückzuschauen, den Fortschritt zu würdigen, den Sie gemacht haben, und sich auf einen Neuanfang vorzubereiten. In diesem Kapitel werden wir über die Bedeutung sprechen, Ihre Überwindungsreise zu teilen, andere zu inspirieren und diese Phase Ihres Lebens mit Feierlichkeit und Dankbarkeit abzuschließen.

ANDERE INSPIRIEREN

Hoffnung und Unterstützung bieten

Ihre Überwindungsgeschichte ist eine wertvolle Erzählung, die andere, die sich mit dem Ende einer Beziehung auseinandersetzen, inspirieren und unterstützen kann. Das Teilen Ihrer Erfahrung validiert nicht nur die Emotionen anderer, sondern zeigt auch, dass Heilung möglich ist und am Ende des Tunnels Licht zu sehen ist.

Ehrlichkeit und Verletzlichkeit

Das Teilen Ihrer Geschichte des Beziehungsendes und der Überwindung mit Ehrlichkeit und Verletzlichkeit ist entscheidend, um eine echte Verbindung zu anderen herzustellen, die ähnliche Situationen durchmachen. Indem Sie offen über die Herausforderungen sprechen, mit denen Sie konfrontiert waren, zeigen Sie, dass Sie menschlich sind und die komplexen Emotionen in diesem Prozess verstehen.

Hoffnung geben

Hoffnung zu schenken, ist eine kraftvolle Möglichkeit, Menschen, die mit dem Ende einer Beziehung konfrontiert sind, positiv zu beeinflussen. Indem Sie zeigen, dass Sie schwierige Zeiten überwunden haben und Wege gefunden haben, Ihr Leben wieder aufzubauen, bringen Sie Licht in das Leben derer, die darum kämpfen, eine bessere Zukunft zu sehen.

Widerstandsfähigkeit zeigen

Widerstandsfähigkeit in Ihrem Überwindungsprozess nach dem Beziehungsende zu zeigen, ist eine kraftvolle Art, andere zu inspirieren und zu motivieren, ihre eigenen Herausforderungen mit Stärke und Entschlossenheit anzugehen. Indem Sie teilen, wie Sie mit den Höhen und Tiefen umgegangen sind, geben Sie ein konkretes Beispiel dafür, wie man Schwierigkeiten mit erhobenem Kopf meistert.

Persönliches Wachstum hervorheben

Das Hervorheben des persönlichen Wachstums, das während Ihrer Überwindungsphase stattgefunden hat, ist eine kraftvolle Möglichkeit zu zeigen, dass es selbst in den herausforderndsten Situationen Möglichkeiten gibt, zu wachsen und zu einer stärkeren Version von sich selbst zu werden.

Unterstützung bieten

Beim Teilen Ihrer Überwindungsgeschichte lassen Sie klar erkennen, dass Sie für Unterstützung zur Verfügung stehen und denen zuhören, die ähnliche Herausforderungen durchmachen. Dies kann ein Netzwerk von Unterstützung und Solidarität schaffen und den Menschen einen sicheren Raum bieten, um ihre eigenen Erfahrungen zu teilen.

ABSCHLUSS UND FEIER
Anerkennung Ihrer Erfolge

Wenn Sie am Ende dieser Reise angelangen, ist es wichtig anzuerkennen, wie weit Sie gekommen sind, und Ihre Erfolge zu feiern. Der Abschluss ist ein wesentlicher Bestandteil der Heilung und schafft Raum für einen Neuanfang.

Reflektion über Ihren Fortschritt

Die Praxis, über den Fortschritt zu reflektieren, ist eine kraftvolle Möglichkeit, zu erkennen, wie sehr Sie gewachsen und sich entwickelt haben auf Ihrem Überwindungsweg nach dem Ende einer Beziehung. Indem Sie sich Zeit nehmen, um zu vergleichen, wer Sie waren, als Sie diese Erfahrung begonnen haben, mit der Person, die Sie jetzt sind, geben Sie sich die Gelegenheit, die Arbeit, die Sie geleistet haben, zu schätzen und anzuerkennen.

Anerkennung der Widerstandsfähigkeit

Die Anerkennung der Widerstandsfähigkeit, die Sie gezeigt haben, um die Schwierigkeiten zu überwinden, ist eine kraftvolle Erinnerung an Ihre Fähigkeit, künftige Herausforderungen mutig und entschlossen anzugehen. Wenn Sie zurückblicken und sich an die Zeiten erinnern, in denen Sie Widerstandsfähigkeit gezeigt haben, stärken Sie Ihr Vertrauen und Ihr Selbstwertgefühl.

Feiern der Erfolge

Jeden Erfolg zu feiern, so klein er auch sein mag, ist eine wichtige Möglichkeit, Ihren Fortschritt im Heilungsprozess anzuerkennen und zu validieren. Jeder Schritt in Richtung Heilung verdient es, gefeiert zu werden, da er eine bedeutende Anstrengung darstellt, um die beste Version von sich selbst zu werden.

Praxis der Dankbarkeit

Die Praxis der Dankbarkeit spielt eine entscheidende Rolle beim Abschluss einer Überwindungsreise nach dem Ende einer Beziehung. Indem Sie Dankbarkeit praktizieren, erkennen Sie an und schätzen all das Lernen und Wachsen, das während dieser Reise stattgefunden hat. Dies hilft nicht nur, ein Gefühl des Abschlusses zu schaffen, sondern ermöglicht es Ihnen auch, diese Phase mit einem Gefühl des Friedens und der Akzeptanz zu verabschieden.

Vorstellung des Neuanfangs

Den Abschluss einer Überwindungsreise zu finden, bedeutet nicht nur, zurückzublicken, sondern auch den neuen Anfang zu visualisieren, den Sie für sich selbst schaffen. Diese Vorstellung ermöglicht es Ihnen, optimistisch und begeistert in die Zukunft zu blicken und die kommenden Möglichkeiten zu ergreifen.

Ihre Erfahrung der Heilung nach dem Ende einer Beziehung zu teilen, ist eine großzügige Geste, die das Leben anderer positiv beeinflussen kann. Ihre Geschichte kann Hoffnung, Inspiration und Unterstützung für diejenigen bieten, die ähnliche Situationen durchmachen. Indem Sie diese Phase Ihres Lebens mit Feierlichkeit und Dankbarkeit abschließen, schließen Sie ein Kapitel und schaffen Platz für einen neuen Anfang voller Möglichkeiten.

Ihr Überwindungsprozess ist einzigartig und wertvoll. Jede Herausforderung, der Sie begegnet sind, und jeder Sieg, den Sie errungen haben, haben Sie zu einer stärkeren und widerstandsfähigeren Person geformt. Indem Sie die Kraft Ihrer Geschichte annehmen, tragen Sie zu einem Kreislauf von Unterstützung, Hoffnung und Transformation bei, der das Leben vieler anderer berühren kann. Betrachten Sie die Zukunft zuversichtlich, in dem Wissen, dass Sie die Fähigkeit haben, eine helle und bedeutungsvolle Zukunft zu erschaffen.

FAZIT

Die Beendigung einer Beziehung ist eine der schmerzhaftesten Situationen, die wir im Laufe unseres Lebens erleben können. Diese Reise kann unsere emotionalen Grundfesten tief erschüttern und Türen zu einer komplexen Vielfalt von Gefühlen, Fragen und Unsicherheiten öffnen. Jeder von uns durchläuft diesen Prozess irgendwann in seinem Lebensweg, jedoch erlebt ihn jeder Einzelne auf einzigartige und individuelle Weise.

In den Seiten dieses Buches hatten Sie die Gelegenheit, die intrinsischen Feinheiten dieser Erfahrung zu verstehen, sowie mächtige Werkzeuge zur Heilung und Transformation zu erkunden. Dieser Leitfaden hilft Ihnen, in das Verständnis Ihrer Gefühle, Verhaltensmuster und Handlungen einzutauchen, um Ihre Selbstachtung zu stärken und Ihre persönlichen Ziele neu zu definieren.

Ich wünsche mir, dass dieses Buch Ihnen in den Momenten, in denen Sie es am dringendsten benötigen, auch wenn diese Reise außerordentlich herausfordernd ist, ein ständiger Begleiter auf Ihrem Weg wird. Seine Anwesenheit wird Ihnen Unterstützung, Orientierung und eine ständige Erinnerung an Ihre eigene Stärke bieten, die Fähigkeit, Ihre Zukunft neu zu gestalten, sie entsprechend Ihren tiefsten Wünschen zu formen und eine Geschichte zu schreiben, die wahrhaft einzigartig und Ihre eigene ist.

Vergessen Sie nicht, dass der Heilungsprozess keinen linearen Verlauf hat. Das Lernen, den Schmerz anzunehmen, Muster zu erkennen und Ihr Selbstwertgefühl zu pflegen, sind entscheidende Punkte auf dieser Reise. Jeder Schritt, den Sie tun, jede Wahl, die Sie treffen, und jede Reflexion, die Sie fördern, tragen zur Gestaltung eines authentischen, erfüllenden Lebens bei, das von unzähligen Möglichkeiten geprägt ist.

Mit Liebe und Dankbarkeit,

Leonardo Tavares

ÜBER DEN AUTOR

Leonardo Tavares trägt nicht nur die Last des Lebens, sondern auch die Weisheit, die er erlangt hat, indem er den Stürmen begegnete, die es mit sich brachte. Als Witwer und engagierter Vater einer bezaubernden Tochter namens Manuela hat er verstanden, dass die Reise des Daseins voller Höhen und Tiefen ist, eine Symphonie von Momenten, die unsere Essenz formen.

Mit einer Lebendigkeit, die seine Jugend übertrifft, hat Leonardo furchtbare Herausforderungen gemeistert, schwierige Phasen durchlebt und dunkle Tage durchstanden. Auch wenn der Schmerz sein Begleiter auf seinem Weg war, hat er diese Erfahrungen in Stufen verwandelt, die ihn an einen Ort der Gelassenheit und Widerstandsfähigkeit geführt haben.

Als Autor bemerkenswerter Selbsthilfewerke wie die inspirierenden Bücher "Angst-AG", "Kampf gegen Depressionen", "Heilung emotionaler Abhängigkeit", "Burnout besiegen", "Mit dem Scheitern konfrontiert", "Finden Sie die Liebe Ihres Lebens", "Was ist mein Zweck?" und "Trauer überleben" fand er im Schreiben das Medium, um seine Lebenslektionen zu teilen und die Stärke weiterzugeben, die er in sich entdeckt hat. Durch seine klare und präzise Schreibweise hilft Leonardo seinen Lesern, in Momenten tiefer Traurigkeit Kraft, Mut und Hoffnung zu finden.

Helfen Sie anderen Menschen, indem Sie dieses Werk teilen.

LEONARDO TAVARES

Die Trennung überwinden

www.ingramcontent.com/pod-product-compliance
Lightning Source LLC
LaVergne TN
LVHW092055060526
838201LV00047B/1407